I0797415

Los ciclos de vida
Las mariposas
Maria Koran
EYEDISCOVER

Ve a www.eyediscover.com e ingresa el código único de este libro.

CÓDIGO DEL LIBRO

AVY94529

EYEDISCOVER te trae libros mejorados por multimedia que apoyan el aprendizaje activo.

Published by AV² by Weigl
350 5th Avenue, 59th Floor New York, NY 10118
Website: www.eyediscover.com

Library of Congress Control Number: 2018942816

ISBN 978-1-4896-8217-8 (hardcover)

Printed in the United States of America
in Brainerd, Minnesota
1 2 3 4 5 6 7 8 9 0 22 21 20 19 18

052018
011618

English Editor: Katie Gillespie
Spanish Editor: Ana María Vidal
Designer: Mandy Christiansen
Spanish/English Translator: Translation Services USA

Weigl acknowledges Getty Images, Corbis, and iStock as the primary image suppliers for this title.

EYEDISCOVER proporciona contenido enriquecido, optimizado para el uso en tabletas, que complementa este libro. Los libros de EYEDISCOVER se esfuerzan por crear un aprendizaje inspirado e involucrar a las mentes jóvenes en una experiencia de aprendizaje total.

Mira
El contenido de video da vida a cada página.

Navega
Las miniaturas simplifican la navegación.

Lee
Sigue el texto en la pantalla.

Escucha
Escucha cada página leída en voz alta.

Tu EYEDISCOVER con Seguimiento de Lectura Óptico cobra vida con...

Audio
Escucha todo el libro leído en voz alta.

Video
Los videos de alta resolución convierten cada hoja en un seguimiento de lectura óptico.

OPTIMIZADO PARA

- ✓ TABLETAS
- ✓ PIZARRAS ELECTRÓNICAS
- ✓ COMPUTADORES
- ✓ ¡Y MUCHO MÁS!

En este libro, aprenderás sobre

- cómo me veo
- dónde vivo
- qué hago

¡y mucho más!

Las etapas que atraviesa un ser vivo durante su vida se llaman ciclo de vida. Exploremos el ciclo de vida de una mariposa.

6

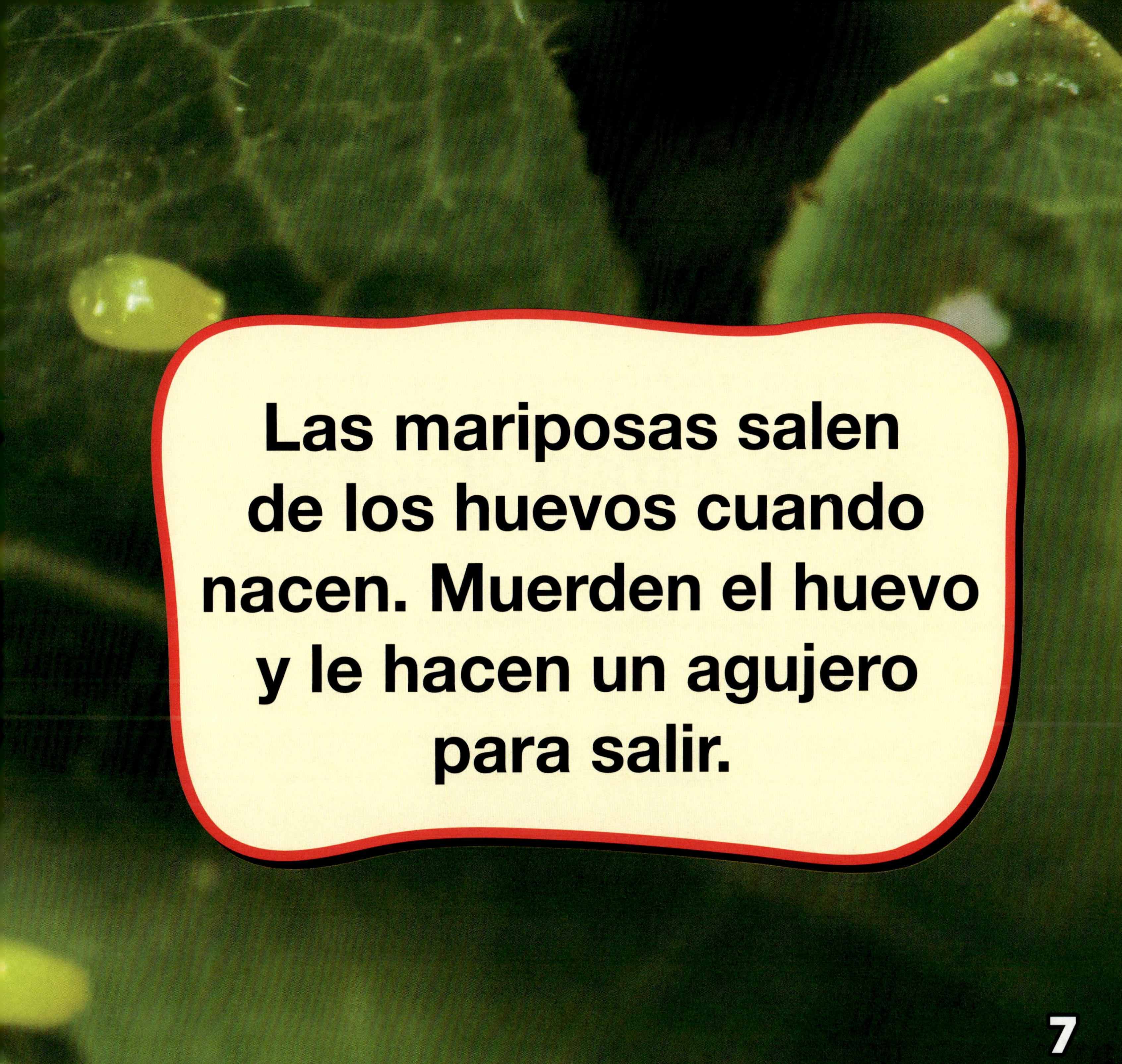

Las mariposas salen de los huevos cuando nacen. Muerden el huevo y le hacen un agujero para salir.

Las mariposas bebé parecen gusanos con patas. Se llaman orugas.

10

Las orugas comen mucho y crecen rápido. Se convierten en larvas cuando crecen demasiado para su piel.

Las orugas se adhieren a una rama cuando están completamente desarrolladas. Esta es la etapa de pupa del ciclo de vida.

14

La mariposa se forma dentro de un caparazón. Cuando sale de este caparazón, la mariposa está completamente desarrollada.

Las mariposas pueden volar sólo unas pocas horas después de salir de sus caparazones. Sus suaves alas se vuelven duras.

17

Las mariposas pueden poner huevos poco después de que comienzan a volar. Sus huevos a menudo se pegan a las hojas con pegamento especial para mantenerlos seguros.

Las mariposas son insectos. Como todos los insectos, su cuerpo tiene tres partes.

MARIPOSAS EN NÚMEROS

Las mariposas **prueban con sus pies.**

Los huevos de una mariposa pueden ser **redondos, ovalados** o **en forma de tubo.**

Hay **24,000** tipos diferentes de **mariposas** en la tierra.

La mayoría de mariposas vuelan a velocidades de

5 a 12 millas por hora.

(8 a 20 kilometros por hora)

Las mariposas **no pueden volar** si tienen frío.

Una oruga puede comerse una hoja entera en **una hora**.

Las mariposas viven con una dieta totalmente líquida.

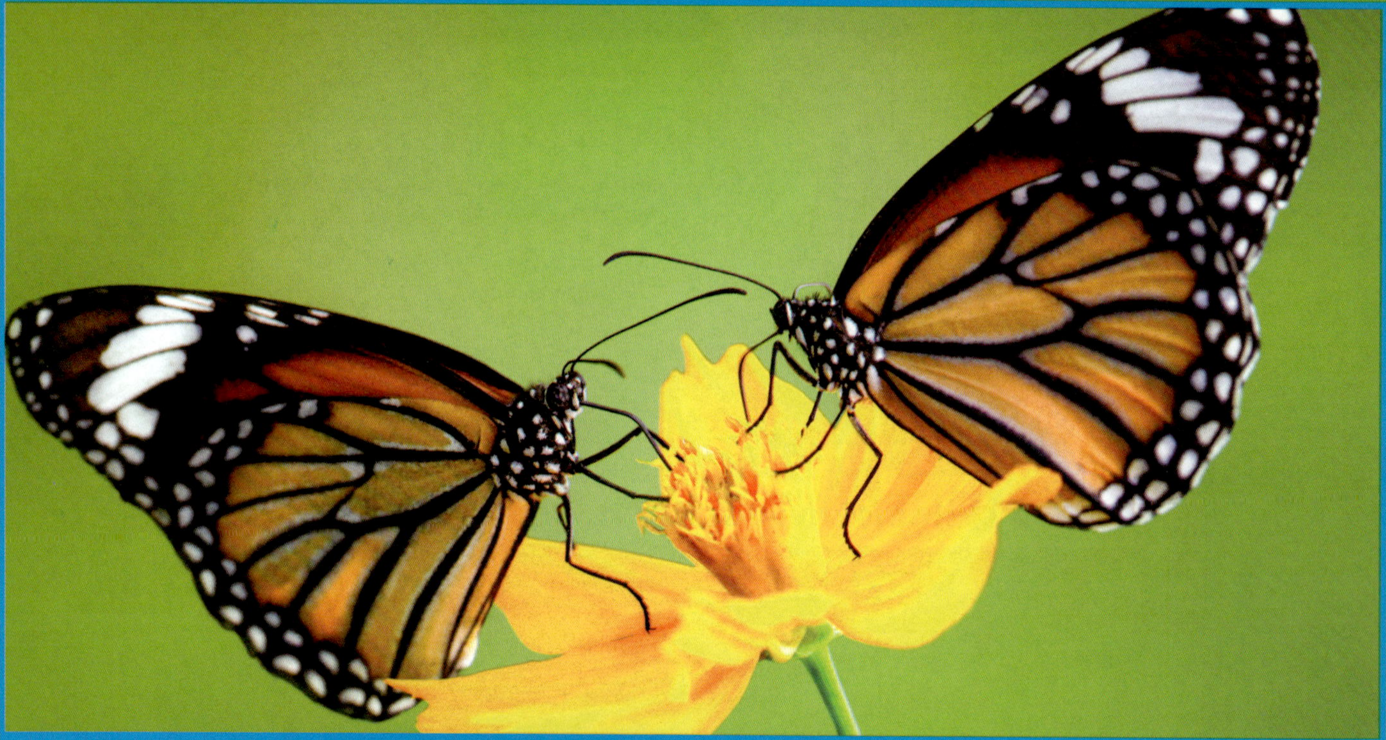

Mira
El contenido de video da vida a cada página.

Navega
Las miniaturas simplifican la navegación.

Lee
Sigue el texto en la pantalla.

Escucha
Escucha cada página leída en voz alta.

Ve a www.eyediscover.com e ingresa el código único de este libro.

CÓDIGO DEL LIBRO

AVY94529